Impressum:
Independently published
Verena Münstermann, Krantzstr. 7, 52070 Aachen, Germany

www.verenamuenstermann.de

ISBN: 9783754313879

Herstellung und Verlag: BoD – Books on Demand, Norderstedt

MALBUCH
FÜR ERWACHSENE

Verena Münstermann

Ciara Geraghty

KREATIVITÄT

ist

INTELLIGENZ

die

Spaß

hat

Albert Einstein

MAN VERLIERT *niemals* SEINE STÄRKE manchmal **VERGISST** man nur, dass man *Sie hat*

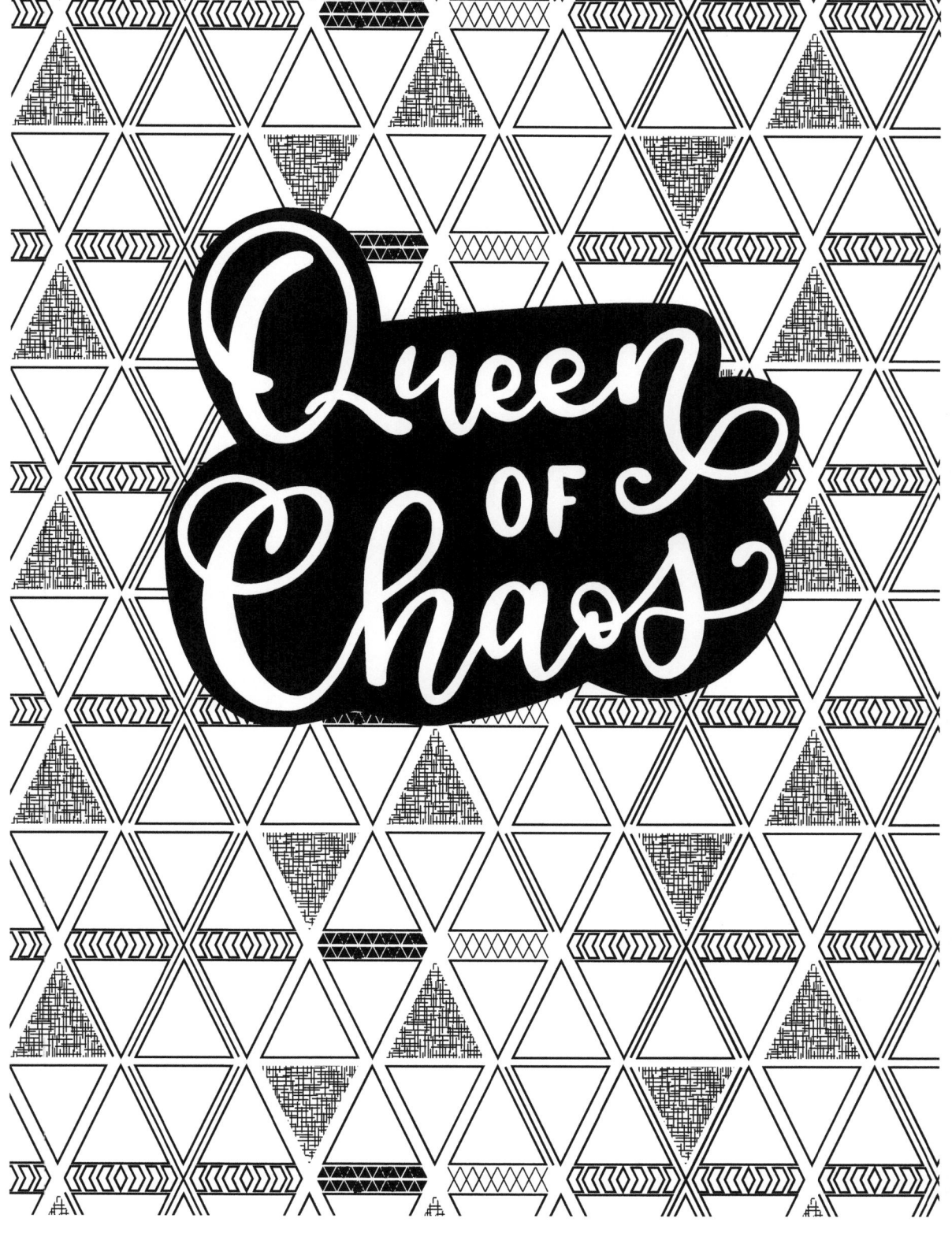

Wenn du nichts Gutes sagen kannst sag Nichts